LAVATANZ

WORTE IM SCHWEBENDEN RAUM

Copyright © Peter Heinl, 2015

Thinkaeon®

Thinkclinic® Publications

Thinkclinic® Limited

32 Muschamp Road

GB London SE15 4EF

ISBN 978-0-9931532-7-3

Der Autor/Verlag dankt für das Respektieren des folgenden Hinweises: Alle Rechte vorbehalten. Der Nachdruck ist, auch auszugsweise, nicht gestattet. Kein Teil dieses Werkes darf ohne schriftliche Einwilligung des Autors/Verlags in irgendeiner Form (Fotokopie, Mikrofilm, Digital, Audio, TV oder irgendeinem anderen Verfahren) – auch nicht für Zwecke der Unterrichtsgestaltung – reproduziert oder unter Verwendung elektronischer Systeme verarbeitet, vervielfältigt oder verbreitet werden.

www.thinkclinic.com

drpheinl@btinternet.com

Twitter: @DrPeterHeinl und @Thinkclinic

Facebook: peter.thinkclinic und thinkclinic

LinkedIn: Peter Heinl

Xing: Peter Heinl

Gestaltung und Umsetzung: uwe kohlhammer

Umschlagabbildung: Peter Mittmann, Alcazar, Bad der Königin

Diesen kleinen Band widme ich meiner Großmutter
mit dem schönen, klangvollen Vornamen Rosina,
die mir, wie man viele Jahre später erzählte,
an meiner Wiege Lieder sang

INHALT

VORWORT 9

HOMMAGE AN JOHANN SEBASTIAN BACH 13

GLASMOND 33

LAVATANZ 41

STUNDE DES GRANAT 109

SELBSTBILDNIS DER NACHT 119

STERNWEH 169

BLAUE HARFE 185

ZEITTRUNK 189

DANK 195

ÜBER DEN AUTOR 197

BÜCHER 199

VORWORT

„Schon immer faszinierten mich Worte.

Woher kommen sie? Wie entstehen sie? Wie hat sich ihre Bedeutung im Lauf der Zeit gewandelt? Wie gelingt es den Worten, die, sich zu Wort- und Sinngefügen einander die Hände reichend, schwerelos durch den Raum schweben, unsichtbare Brücken der Kommunikation zwischen Menschen aufzubauen, wie ein Echo durch die Landschaft der Erinnerungen widerzuhallen, zu klingen und manches Mal zauberhafte und geradezu verzaubernde Wirkungen zu entfalten?

Die nachfolgenden Texte erheben keinen Anspruch auf Bedeutung. Sie entstanden auf eine völlig unerwartete, ja, geheimnisvolle Art und Weise, so als öffne sich plötzlich ein grauer Himmel und würfe ein Bündel an Lichtstrahlen auf die Erde. Das, was die Lichtstrahlen sichtbar machten, schrieb ich auf.

Das Geschriebene mag rätselhaft anmuten, schwer verständlich und jenseits von Sinn. Aber es waren eben diese Worte, die durch den Raum schwebten, tanzten, aufleuchteten, um dann wieder wie Zugvögel in die Ferne davonzuziehen."

Als ich diese Zeilen Anfang Januar 2016 niederschrieb, waren mehr als zwanzig Jahre seit dem Entstehen dieser Texte, die all diese Jahre in stiller Versunkenheit in verschlossenen Ordnern und unbeachtet von dem stetigen Weitergang des Lebens verbracht hatten, vergangen. Zudem war meine Haltung gegenüber diesen Texten über diese Jahre hinweg von der Vorstellung geprägt gewesen, dass sie zwar ein Teil meines Lebens waren, jedoch ein Teil, der im Grunde außerhalb des Radius der sonstigen Texte lag, die im Lauf der Jahre in Form von Publikationen und Büchern ihren Weg in die Verwirklichung gefunden hatten.

Kurze Zeit später wurde mir bewusst, dass es doch tiefere Verbindungslinien des Zusammenhangs zwischen dem anscheinend ein Eigenleben führenden *Lavatanz* und den in einem anderen Bereich angesiedelten Werken gab – vor allem mit den in meinem Buch *Licht in den Ozean des Unbewussten* beschriebenen Beobachtungen und Erfahrungen.

Beschrieb ich im *Licht in den Ozean des Unbewussten* anhand einer Serie unerwarteter, auf meinem inneren Wahrnehmungsschirm auftauchender, rein visueller, d.h. bildhafter Erscheinungsformen, die ich Erhellungserscheinungen nannte, wie deren Erleben nicht nur einzelne Worte und in Worten fassbare Erkenntnisse, sondern ganze Wortströme entstehen ließ, so führte mir der *Lavatanz* vor Augen, wie sehr – auch wenn einzelne Worte Bilder repräsentierten – das Verschmelzen von Worten zu neuen Wortgebilden neue Bilder schuf. Dies stellte den umgekehrten Prozess zu der Bild-Wort-Erzeugung dar, die ich in *Licht in den Ozean des Unbewussten* beschrieben habe; wobei sich sowohl die Bild-Wort-Transformation als auch die Wort-Bild-Transformation außerhalb des Einflussbereichs logischen Denkens vollzogen.

Das, was ich in *Licht in den Ozean des Unbewussten*, aber auch schon in dem Buch *„Maikäfer flieg, dein Vater ist im Krieg ..."* anhand der sogenannten Objektskulpturen beschrieben habe, lässt sich als die durch Objekte erzeugte psychologische Wirkung einer Objekt-Architektonik auf das Bewusstsein, und vor allem auch auf das Unbewusste, beschreiben. Analog zu den Objekten verfügen jedoch auch Worte über die besondere Eigenschaft, wenn nicht den Zauber, dank ihrer Wahl, der Architektonik ihrer Anordnung und ihres wechselseitigen Bezugs, ihres wundersamen Verschmelzens zu neuen Bedeutungen und ihrer Klangfülle durch ihre Wirkung auf das Bewusstsein und auf das Unbewusste, neue Bilder entstehen lassen. Somit gleitet der *Lavatanz* nicht mehr so ganz allein durch den schwebenden Raum.

In diesem Sinn wünsche ich den Leserinnen und Lesern bei der Lektüre des *Lavatanz* die gleiche Verwunderung und das magische Staunen über Worte – diese einzigartigen, geheimnisvollen Begleiter unserer Existenz –, wie sie auch mir vergönnt gewesen sind, als mir die Worte das Privileg erwiesen, in meinem Bewusstsein in Erscheinung zu treten.

März 2016   *Peter Heinl*

HOMMAGE
AN JOHANN SEBASTIAN BACH

Kerzen im Glanz.
Es schwingen Kadenzen im Tanz
im Raum, Monde sagloser Weiten
wie Orgeln, die schreiten

Töne,
Jubel aus silbernen Kammern. Söhne
der Geigen
in nie erschöpfendem Reigen

Es fließen die Ufer
an Deiner Stirne. Fernwind der Rufer
aus orangenem Mund,
als bete der Honig aus sprachlosem Grund

Worte verschwimmen,
gleiten in gläsernen Ton, verglimmen
wie Feuer aus hellem Papier.
Die Feder, sie schreibt und sie singt: „Jubilier'"

Gnade, Kantate der Lust.
Geheimnis Dich treibt, doch Du ruhst
in Händen himmlischer Boten
mit Kelchen zeitloser Noten

Flügel, die schwerelos schwingen.
Klänge von Türmen, die singen
in Bernstein gefasst.
Schwungvolles Leben, Wolken entschwebend der Hast

Sehnsucht aus Quellen.
Perlen,
die niemals vergehn,
lächelnd auf Tönen des Lichtes stehn

Kränze, Stimmen, die steigen
in Höh'n. Geigen
trösten die Tränen, die Herzen
wie wärmende Wangen der Kerzen

Winde, Reigen aus füllendem Sein.
Klarheit der Sprünge, Anmut wie Flocken so fein.
Zelte aus Melodien,
Gesten des Lösens und Sinken auf Knien

Wandel, Ordnung der Harmonie,
doch nie
ein Zittern der Hände.
Zeit ohne Furcht vor dem Ende

Samen, Tenöre,
Stimmen, Gärten der Chöre,
Hoffnung, sprühendes Leben
aus Schalen, unendlich im Geben

Concerti im Strom
schwebend wie Psalme im Dom.
Es faltet die Zeit
die Hände der Ewigkeit

Schreibende Hände.
Augen gebannt auf Küsten unsterblicher Strände.
Es bersten die Celli, Fagott
wie Farben, so golden und rot

Getragen im Stolz,
kein unterwerfendes Holz.
Motetten schwingen im Licht
wie Falter im Morgengedicht

Bögen der Zeit,
die Spanne des Lebens, Ehrfurcht, Hymnengeleit.
Körbe gefüllt mit Sommer, Musik,
Komposition im goldenen Schnitt

Galeeren der Nacht
beladen mit kostbarer Fracht.
Stille der Haine, doch Segel gestrafft
im Klang der Arien aus Rinden voll Kraft

Passion.
Sterne, Planeten, selbst Orion,
klingen im Licht
seiner Schöpfung. Altäre des Wunders, Gedicht

Grabesreise.
Winde weiser Klänge, leise
singen im Gebet
den Glanz, der lebt und nie vergeht

GLASMOND

So weich ist das Land
und unendlich ferne
in dieser blühenden Nacht,
als berührte die Hand
den Glasmond, die zitternden Sterne
suchend, hilflos und sacht

Durch Wüsten,
Karawanen des Nichts
streifen die Bilder als grüßten
sie Inseln deines Gesichts

Dolden,
Klänge von Blüten,
die golden
sich hüten

Vasen,
gläserne Hand.
Formen, die steigen, vergehn. Schafe, die grasen
wie vergessen im Land

Kronen
der Nacht.
Oben in den Akazien wohnen
auch Träume, zerbrechlich und sacht

LAVATANZ

schnecken rinnend im licht wehender vergebung
in wolken der begierde schmählich und purpur
begraben im sandschliff der zeit geweiht in kesseln
flackernder enthölzung im blattwerk fiebriger kronen
rundend im gewinde balzender sterne randvoll gemäht
rubinvergessen gefällt im speichel sinkender kometen
lidlos betrauert an wällen der rinde in schimmerndem eis
schlittig besinnt mit segeln gedankenfreier puppen

mit strängen der kessel im gelände der ginster am
hirnspann kieliger laternen mondbleich gebadet im
wunschzelt fließender gerüche schilfig bewehrt mit
zinnen sagloser klage im tonfall reißender adern klaffend
im biss erzener uhren zeiglos beschwert und richtend
im gebälk verbrannter tropen wahllos bestirnt mit
erinnerung turmhoher mauern am rande des flusslichts
in der muschel wundender kniefälle am abgrund der

felsen stürzend karminrot verweilend im becken der
hoffnung am dampfer weißer balustraden im schilfsteg
kokusblühender sicheln in weiden verhütteter smaragde
an den kaskaden verschmolzener worte im kreis der
oper umrahmt von noten speerender kränze trauernd um
zahlen der schimmel flehend um nachsicht in den krallen
des großen bären fernwildbehäutet an den datteln des
zorns in fußlosen wüsten sandwehend verblasen in den

trompeten des zufalls rindlos geäschert in den falten des
schmerzes armloser schwerter im antlitz unwissender
fluten schwemmend die bögen der zeit an den portalen
der rosen im kreuzgang der sonate verwildert im rausch
lebloser räucher verankert im teich von kastanienblüten
verwest auf den straßen der ohnmacht im mühlrad des
jochs mit federn beschwert vom geruch bitterer äpfel
weißlich besprenkelt im schornstein der kröten finster

gerufen im pfahl lächelnder sümpfe im keller der fesseln
spinnradverlassen und schwingend im grinsen verlorener
schlüssel hinter den masken nussvoller goldverbrämung
geschmolzen in der tinte elfenbeinweißer savannen
leblos den kragen bis an den rand des atems vergessend
im anblick der kämme lebloser galgen in steinen
gemeißelt an den kanten der vliese im rindhorn
melonenfarbener fagotte am ausgang der anemone im

stilllicht lechzender fasane am rotklang betäubender
inseln im muskatlicht geschnittener tomaten tropfend
die hand des blutes sich offenbarend leiblos im brot
der einsamkeit auf den gleisen unendlicher rächung
verirrt im zwielicht planetischer balken im turmwind
umflossener strudel reißend den willen durch den
mantel röchelnder vulkane betanzt von den walen
vermisster fontänen im weißmeer des labyrinths an

den gestaden zeitlicher umrandung im rosenwiegen
des trostes im nachen karnevalesker flocken periodisch
gestielt in den fallgruben der elche in zerschossenen
fassaden ermüdeter arabesken geschoren im babylon
pergamentener runen hämmernd an den lippen getragen
im aufwind der gedärme springend über die gruben der
foltern im abendlicht der verzweiflung an den fäden der
orangen im schattenspiel klebriger botschaften auf

den riffen verträumter koralle am nabel der karpfen in
der gosse sibyllinischer tempel am fuß der handmale
verzeichneter kolosse hafenbehaucht im rauch des
mondes milchtrinkend im blau der nacht am federkiel
der augen tastend im rubin vergrabener kavernen im
atem reglosen schweigens in den speichern ährender
hörner in der grabspur der nägel kupfern beschlagen auf
den hufen der antilopen hornwindgedreht im kakadu

schnebelnder robben lispelnd im flug eisiger vasen
rosig bestückt im wagnis unermüdlicher räder an
der deichsel der pflicht im wildpferd der kirsche
auf den weiden der versuchung weit in den höhlen
unzugänglicher vitrinen im spiel des orion im sterben der
zeit falkenhoch schwingend im blau vergossener himmel
verschwimmend im schlaf erstürmter deiche im
klangspiel erfundener romane in der klinke marmorner

vorsätze auf den matten schlanker fakire verflochten
in der lichtschnur entfremdeter briefe auf zügen
spannbrückengesogen im wolkenbruch goldener sommer
im fließband trächtiger fahnen rebhuhngeziehrt und
flackernd im widderwind weißer entsagung an den
nähten der kontinente verhüllt von dem zerren der
schlittenhunde auf gletschern der aprikosen im tanglicht
leckender wellen hyazinthverklärt vor den scheiben der

vergangenheit milchig beschlagen im emaille verlorener
knoten am kreuzweg der domgänge auf stillen
sperberfesten im karussell lichtlaubiger drehung fallend
in den schoß orangener blätter im rascheln der hamster
nusstortenbeschäumt und ewig rosenversunken im
klettern der wende der schalkjahre im minzstaub
versperrter feldwege beraubt der ähren in der eroberung
seelischer gipfel lauernd in den magnolien der scheuer

doldenbeschwert und lippenleckend im dunkel uralter
steine im katzenfell der abendstunde leise versandet
in der wüste der teestunde in den erdbeeren trauriger
geigen aus fagotthörnern im bruchglas zugiger fluren
kunstvoll gefügt in schnittlinien weißen mohns im
kielllicht schwankender klage am taufbecken vergilbter
photos in der harfe gedämpfter ufer platanenbeschwert
im grünmild sachtender winde auf kähnen tieftrinkend in

der last aufschreiender orchideen in der unruhe der
birnen gereift bis auf flecken tintiger verzehrung am
scheideweg des erbarmens im abschied goldener
hörner im spiegel verlassener giebel im tonklang der
kantate strömend aus kelchigen kehlen im rauschen der
federn im kornblau fesselnder wünsche zwischen den
laternen der entscheidung auf der furt hüpfender steine
murmelnd im divertimento raschelnder igel auf der

wanderung wiegend im gleichklang der stachel beflockt
von den blüten des goldregens bis zu der schwelle des
todes im ofen der verachtung gerissen aus der wurzel
der landzunge treibender flöße rinnend im mythos der
unsterblichkeit besät von den klippen weißer lieder
im mammut knirschender planken auf moosfeldern
sardinischer flaggen wundrandbetanzt im einhorn
umwobener nelken im schneerauch weißblütiger tränke

im glanz zitternder säbel in den windkammern der
verlorenheit am gespinst rostender ringe im sinnspiel
der gebete palmenbewandert im lufthauch der psalmen
in schalen gelber verse verwunschen in kyrillischem
bernstein am horizont der gebrechen in den stauden
silberner amulette sich regend hinter den stäben des
wehklangs uralter verborgenheit hinter den gittern des
ichs umwunden von gleißenden kutten schwimmend im

licht der milchstraße seekuhbeschäumt von den robben
der eisberge schwebend im klirren des atems durch die
straßen des nichtwissens am rand der melonenhalme
flüchtend vor den pranken der meteore im kerzenstolz
fressender dochte an der gabel der sonnenfinsternis
bestückt mit der sehnsucht flüsternder handschuhe in
den kanälen der gondeln auf blütenwegen der wärme
berührt im mandelwind schmeckender flieder der nacht

wankend am gewinde der macchia in den rahmen
verschütteter fresken turmwallerhaben im zorn
flackernder husten wolkengejagt durch den windkiel der
pyramiden im brechklang hämmernder hölzer im amboss
der tinte auf den bögen blutiger namen lockreizgeschleift
durch die quadratur der einöde an den abhängen
milchiger nebel im aufbruch des odysseus in das lächeln
des verderbens saglos ziehend an mühlsteinen

geworfener steine im angesicht schweigender himmel
im schauspiel des untergangs grasnarbig verdeckt auf
den schultern schrittloser gerippe schlotternd auf den
plantagen der verdrängung im hirnriss des webstuhls
vertaut in der unendlichkeit plankenbeschwert mit
sehnen im sand verädernd gegen den schattenriss
der dünen schillernd im dampf der orange am pendel
musealer verstrickung in den katakomben glühender

feigen verstrebt am firmament der illusion gegen die
angst der tapete in der stummheit des altars beflügelt
vom glauben der sprache gefestigt im heißhunger der
flammen auf den höfen klirrender schläge im krallenden
teppich der flucht verwegen sich suchend im duft der
lilie verstreut längs der zerrissenen köpfe zitternder
hallen im rondo der zeit trunken aus hügeln der
benommenheit im wollschal der eide auf überstürzten

hengsten in quader geschleudert fallsuchtserlegen im
laubwerk genährt im schaben wurzelnder hoffnung die
taubsucht mit pinseln bedacht rotfließend im licht der
gewehre aus lechzenden mündungen die stäubung der
sinne gezähmt im aufruhr des glases auf den eisernen
zacken des tores am ufer des untergangs im schuppen
der dämmerung das bonbon dem reißenden wolf
verspielt schnappend die gunst der sterntaler im flattern

der mähne gegen die ungeduld der kapuzinerkresse
auf der straße der elephanten nachbarlich mit bambus
beschlagen und zäunen der kälte handfremd im tragen
der schlösser auf dem silbernen tablett des himmels
lavendelumströmt und gießend die buchstaben der
einsicht aus dem füllhorn süchtiger quellen am berghang
des irrwegs sandalenberaubt auf spitzen steinen des
trotzes in den moränen der märsche auf den wellen der

verschwiegenheit schleifend durch den taumel kippender
boote im rachen des roten meeres harpunenverrückt auf
den rücken gefährlicher strudel mit reißenden hörnern
des mythos der unsterblichkeit im abglanz der torturen
zierlicher vasen brechend im rauhreif dröhnender ketten
echopeitschend durch die stirne der geschichte im
ringen flachsener gespinste am turm der sprachlosigkeit
lebendig begraben im gebiss des entsetzens sprengend

die fluten der vorstellung bis an das kap der guten
hoffnung auf der reise durch das meer der planeten im
leerlauf vergangener mühlräder klappernd im geflügel
der sinnlosigkeit bis an den deich der hafenmole
getaut an die arme des landes und beladen mit weißen
schiffen auf schwebenden wellen im rosenbeet
endloser trennung an windbeflaggten sommeruhren
schattenumspielt in der ratlosigkeit der vergänglichkeit

und dem nicken der nelken in der blüte der stunde im
kniefall der gunst vor dem goldring der macht vergebung
heischend für nichtige sünden im blauschimmer der
moschee am finger der karten springend über den rand
der vorstellung auf weißen füßen im sand küssend
die dattel der oase im milchglas verschwimmender
buchstaben an der rastlosen leine der vergesslichkeit im
trichter der wandlung bluttropfend und sich schwärzend

im warmen wind der gedankenlosigkeit gehoben vom
rockschoß der ananas und palmiger dünste gegen
den horizont bleierner beschwerung im schwerpunkt
des federkiels im trinken des lichts aus den schalen
rinnenden jasmins tropfend aus dem schimmer ferner
segel fliehend im wind der sehnsucht an die gestade der
ankunft in der hütte des mondes weinumkränzt angelnd
in der verwirrung des schauens aus trompetenbäuchen

flügelbezinnt in masken milchiger korken tanzend auf
federn küssender töne im schnee sich suchender blüten
am rosentor windzarter düfte verhaucht in die nüstern
unbändiger speichen in der reue ungestillter schleusen
im ausbruch der widder windbefleht rosinenbeflaggt
im steppenbrand rastlos mähender sensen fangend die
fliehende uhr am haken der wildheit und verebbend im
flussbett des frevels schraubend in die tiefe der rinde

harzblutend
im verlies des gewesenen
aus den aprikosen
des nichts
steigen die blätter des oleander

stillhornbeweint
es fliehen
die zeiten
im rosenlicht
häfen haspeln

die schalen der wellen
in weißer rinde

schmeckt der vulkan
die röte des verderbens

linsen glühen im mantel des herzens

steine trauern um orangen

die goldküste winkt den segeln

noten tanzen im licht

flöße tauchen schildkrötenhoffnung
worte sickern in rinnsalen

fern winkt die gabel der windrose
düfte schlüpfen in die giebel des zufalls

würfel stolpern in das wagnis des lichts

karawanen schwimmen im blick

kantaten singen weiße blätter
ferner birken
klang

im rosengang
im schlangenfang
züngelt in die zeit

im türmekleid
wangen stürmen in das licht
in die meere deines angesichts
die spiegel fällen

und ferne rosen monde zählen
wiegen im wagen der waage
erstirbt die klage
im suchen ferner locken

an stangen hoher glocken
die türme weinen laut
so weit das auge schaut

und in die sichel bleicher monde
tropft sich das blut der horizonte
purpurfahnen gleiten hoch im wind

und du bist mein sprachlos kind
die helme blinken fahl
am gelben sichelpfahl

fange die worte im licht
sprache spricht sich nicht
sie fürchtet sich

im licht der endlos schweren straßen
schwimmen sterne in den gassen
sie schwenken in der ferne
den schein der winzigen laterne

tauche in das licht
hinter deinem angesicht
die weißen flocken
schweben leicht wie glocken

sprache strömt aus fernen flüssen
dir zu füßen
worte strömen fließen

atem schwebt ins licht
muskatgedicht
die wolken wehen leise

windhornweise
ferne sterne blühen
weit in deinen kelch
die sterne schweigen
sie neigen das licht

in die sicht
randvoller schalen
worte an stangen
unbefangen
wehend im winde

vergebender rinde
robben gleiten
türkis durch wiehernde zeiten

gesät in eisiges blau
im flüssigen bau
tropfender tränen

am wollschal der sarazenen
ufer schweben kokosleicht
im schilf so seicht

verblasst im stilllicht ferner rinnen
auf umgestülpten zinnen
rot stimmen die hecken

auf zitternden stecken
flockengesang
im schlittengang

worte sinken verloren
an andachtsvollen toren
der klang weht in die rosenhand

aus segelfernem land
sprachloses tor
ringen am horn der moschusblüte

sinkend in blattverweben
schlüsselsuchender kammern
rotziegelbeladen im kahnpflug

ziehender zeiten rosenfelddurchreitend auf geliehenen
schimmeln springend über die hürden der kometen
an der brandung der ohnmacht grenzenlos ausholend
und schneckengefangen blinzelnd in der waage der
widersprüchlichkeit an der promenade des gleitens im
rinnen turtelnder roben geschmeidig flatternd im unsinn
des staubwinds zwischen den zähnen des krokodils am
mast vertrockneter nilpferde pendelnd zwischen den
markierungen der unendlichkeit und den lampions

des lichts auf den sandhügeln des nichts im abglanz
schwebender brücken hängend durch wiederkauende
nächte im glaswind bleicher mondschnitten süchtig nach
lichtkelchen milchig die seele behäutend im erlspiel
flüsternder schalen aus rillen vergessener arche noahs
barken der versandung und verlandung mohnbehaucht
im saum blauer orakel gelehnt am steuer der rätsel
gezeitengezeichnet und wiegend an der elfenbeinhand
der planeten im licht des lächelns der milchstraße im

atem stirniger winde im licht silberner rillen rinnend

in sicheln unendlicher monde

licht im angesicht
licht
in
sicht
im
gedicht
im licht im angesicht

STUNDE DES GRANAT

Komm, gib mir deine Hand,
tauch in die Pyramiden meines Seins.
Lass uns am steinig blauen Kraterrand
noch einmal Schicksal spielen, deins und meins

Lass unsre Worte Kränze drehen
von Fluch, von Wahn, von sinnlos goldnem Werben
und uns durch große Augentore sehen
auf zarte Halme und den Klang vom Sterben

Vergib uns unsre Schuld.
Denn wir, wir sind nur Hände voller Zeichen
und lass uns diese Schale voller Huld
im Dunkel des Allein erreichen

Komm, gib mir deine Hand
und sieh die Rosen vor uns stehn.
Wir sind nur Zittern, das im Du sich fand
und bald nur Hieroglyphen, die vergehn

Schon treibt die Stunde, jene große
den Tanz in uns hinein.
Wir sind nur Möglichkeiten, uferlose
am Rande des Olivenhain

Wir sind die Stirnen aller Sterne,
wir sind die Hoffnung goldner Vasen.
Wir sind uns nah und doch auch unbegreiflich ferne
wie goldne Perlen auf Terrassen

So ist es still
und auch der Mond ist schon vergangen.
Schon längst ist's einerlei, was du und ich noch will
im blauen Wiegen von Verlangen

SELBSTBILDNIS DER NACHT

Aufkam die Sprache der Gewalten,
die aus alten
Trögen ihre Heimat frisst.
Nacht es ist

Zitternd der Wunsch nach
Sternen. Flüchtig die Schatten
im Chrysanthemengemach.
Unterwürfig getretene Matten

Und schon stürmen
die Wolken zinnoberner Speere.
Schon türmen
sich Knochen, leicherne Heere

Hoch in das Zepter der Nacht,
als stoße
das Horn der Schlacht
große

Fragmente von Tränen
in geflüchtete Vasen,
die sich verlassen wähnen
auf sterbenden Straßen

Und so spürst du den Hauch
und auch
das harte Brot der Kopfsteinpflaster
verbunden, weiß wie Alabaster

Und all die tastend, scheuen Schritte
suchen hügelfern
als litte
auch der Venusstern

Am Tor von Labyrinthen
liegen Trümmer, sinnbewegt
und Balken, die sich winden,
als sei der Tod schon längst verweht

Aber Fenster, die schweigen.
Kreuze im atmenden Licht.
Wer denkt an frierende Geigen
vor dem Hungergericht

Wer denkt an Zäune,
die Worte im Schilf, ach, träume
Versandung; nur Zeichen
die blindlings ins Sinnlose reichen

Schenk dir Kometen,
denn tief im Sarg von Gebeten,
da küssen sich Blüten,
als wollten Geheimnis sie hüten

Aber du hörst nur das Bellen,
das fröstelnde Schloss und an dunklen Stellen
die Klage der Hand,
die keine Lippen mehr fand

Was helfen Gesänge?
„Geh und hänge
den Herbst an einen Baum
wie einen letzten Traum"

Siehst du nicht die Muschel,
die sich im Wahnsinn verklärt?
Komm und kuschle
dich. Aber es ängstigt das Schwert

Und es ist kalt
und manchmal krallt
sich die Ahnung der Rose
in die Pose

Der Helden,
die in gefällten
Herden
tränken ferne Erden

Es sind die Widder,
die bitter
ihr Horn
verwandeln in blutenden Dorn

Wüsten von Händen und Splittern,
die in Weiten verwittern,
die nie die Gnade gesehen
im großen Kanon des Mähen

Und weißt du denn nicht,
dass im Sommer, der bricht,
die Wolken Erinnerung tragen
und Körbe voll Ringen und Fragen?

Und weißt du denn nicht,
dass selbst im smaragdenen Licht
Trompeten Gräber verweinen
und Tode sich müde vereinen?

Aber es sind nur Tapeten,
Muster, Münde, Musketen
und manchmal auch Meere und Berge
und unschuldig schimmernde Särge

Komm,
schwing das Pendel.
Sei fromm.
Es sind nur die Händel

Des Herrn. Sein Wille geschehe.
Du bist nur Wehe,
Träger von Schrunden
auf namenlos pulvernden Runden

Und so haften hilflose Lieder
„Ach, komm doch bald wieder"
wie Kletten
am Leibe von Betten

Rachen der Zeit
erbricht sich, schlüpft dann ins Kleid
ferner Kostüme.

Ach, Türme verlorener Siegerrühme

Schonzeit der Garden.
Über Feldern, verarmten,
schwebt wie Kerzen der Wind
für die, die gefallen sind

Und an den Gittern der Nacht
stehst du, ganz unbewacht.
Helme glänzen Verführung im Licht,
doch du willst es nicht

Schnecken,
abgebrannte Häuserecken
träumen vom verlornen Weg
und bald, da suchst du deinen Zweck

Hülle dich in Felle ein.
Es mag der letzte Honig sein,
der letzte Klang von Amuletten
im Tanz der Epauletten

Wo gibt es Wachs im Schnee?
Wo Schmerz im Tulpensee?
Wo gibt es all die hoffnungsvollen Flieder?
Und all die unversehrten Glieder?

Wo gibt es goldbeschlagne Brücken,
Melodien der Nacht,
die zart wie Schuppen, sacht,
trösten all die Krücken?

Wo gibt es Tore,
die dem Wunsch entgegenwehn, im Chore
sich zu betasten, zu besehen
im Sternbild ihrer Lust zu gehen?

Monde klagen nicht,
sie sehn dir nur in dein Gesicht.
Sie tun nicht mehr als schweigen
und Stirn der Nacht dir zeigen

Meere tränen.
Vielleicht ist es den Schwänen
gegeben,
die Botschaft zu leben?

„Ja," sagt das Kreuz, und dann
schweigt es und lehnt an
die Sehnsucht der Hügel
als wünschte es herrliche Flügel

So treiben die Dolden der Nacht
Hände voll Staub in den Schacht
der Erinnerung, ja, Illusion,
denn wer merkte es schon,

Dass Almosen
hoffen ergeben auf Rosen?
Dass die Portale der Verwesung
warten auf Erlösung?

Wer schaut von den Stufen der Tempel
auf die zerrissenen Stempel,
die Krater der Fluren,
die zertrümmerten Uhren?

Wer mahnt schon den Raub
der Jahre? Das Laub
der schleifenden Beine
im Karussell des Alleine?

Wer nimmt schon dem Hammer der Nacht
ganz vorsichtig, sacht,
den Amboss
weg von dem Schoß?

Wer findet den Glauben
der Heiligen, die die Trauben
der Hoffnung erkoren
und dennoch verloren?

Wer findet sich wieder
im Flieder
der Nacht,
wenn der Flieder als Opfer gebracht?

Wer findet den Frieden
beim Brechen des Brotes, beschieden
der unschuldigen Hand
im drachenverwüsteten Land?

Wer sieht hoch zu den Stangen,
die wie die Wangen
der Wolken sich wiegen, vertrauen
ruhend auf Narben von Grauen?

Wer wiegt das Lächeln der Hoffnung in
flüchtendes Sein,
das nur einmal den Schein
des Lebens
gespürt hat? Vergebens

Gefleht um die Gnade der Kerzen,
um die weiße, sich wölbende Rose der Herzen,
um den Hauch
des „Ich schenke Blühen, dir auch"

Stauden der Nacht,
Beschwerung nehmt mir, ich bitte euch, sacht,
unendlich und dann, im Lichte
der Gewährung, den Schatten des 'Vernichte'

STERNWEH

Fast zärtlich lehnt die Nacht
sich an die Sehnsucht deiner Wangen.
Im Hintergrunde lauschen sacht
die Schatten der Vergangnen

Es ist so still in deinem Raum.
Nur Rosen neigen
sich im Traum,
zutiefst erlöst von ihren Zweigen

Du schwebst durch meine Nacht
und löst die Zeiger aus der großen Uhr. Ganz sacht
und unverwunden
lehnst du an Türen ungelebter Stunden

Sehr leise schwebt ein Lampion
an meinem Ich vorbei.
Ich möcht's dir sagen. Doch da ist er schon
entschwunden, als ob ich nur ein Schimmer sei

Du deckst mit deiner warmen Hülle zu die Stunden,
die Fragen nach dem Sinn.
Ich spür dann kaum noch meine Wunden,
und bin entbunden, ob ich bin

Manchmal neigen deine Hände
sich wie ein verlornes Glück zu mir.
Ich glaubte dann, es sende
ein Bote mir den Schlüssel zu dem Wir

Tief in einem weichen Land
berührt das Rosa einer Hand
den Mond aus zitternd, zartem Glas,
als ob sie dich und mich vergaß

Manchmal such ich deine Sterne,
bis selbst der Mond mich hilflos rührt.
Dann zieht auch mich mein Ich in eine Ferne,
wo erdbeerrot der Turm der Sehnsucht steht

So führst du mich in Räume voller Schweigen,
wo Worte sich um ihre Spiegel drehen.

Dann seh ich nur die Rosen von Verlangen und Verneigen,

die mir im Namen der Erinnerung entgegengehen

Ich schwebe über Händen, gnadenvoll mit Rosen,
getragen in dem Arm der Nacht.
Ich neige mich dir zu. Ich möchte dich liebkosen,
doch du entschwindest traumhaft sacht

Du sahst den weißen Kelchen nach,
die sich um hoffnungshohe Stangen winden.

Ich bin allein und liege einsam wach
und suche, mich in deinem Raum zu finden

So lösen sich die Hände
von ihrem irdischen Verlangen,
als hielte dich ein Engel und als fände
die Rose dich in ihrem Duft umfangen

Sehr zaghaft leise führen Worte
mich an die Grenzen ihrer Macht.
Ich stehe wie am Lächeln einer Pforte
und weiß nicht, was sie sagt

Ich möchte lange Nächte schreiben
und über wilde Felder mit dir gehn.
Dann möcht´ ich schweigend unter weißen Fliedern
bleiben
und ab und zu ein Wort von dir verstehn

BLAUE HARFE

Ich sah im Lächeln
des Lichts
nur die Ahnung deines Gesichts

ZEITTRUNK

Ich trinke Zeit
aus Kelchen, die auf goldnen Hügeln stehn.
Umhüllt von Sternen bin ich ungeweiht
und träume Wolken, die sich niemals wiedersehn

Leise wandeln ferne Monde
an meinem Ich vorbei.
Ich suche einen tauben Klang, der in mir wohnte.
Manchmal meint ich, 's sei ein Schrei

Sei still, vergiss den Kummer wilder Tage
und auch den Hauch vergilbter Zeit.
Es gibt nur Schalen schüchtern blauer Klage
und dann und wann den fernen Himmel der
Gelassenheit

DANK

Ich danke Susanne Kraft, Silvia Moser und Alexandra und Uwe Kohlhammer dafür, dass sie mich, in Anlehnung an Immanuel Kants Diktum aus dem Jahr 1784 *Sapere aude! Habe Muth, dich deines eigenen Verstandes zu bedienen,* durch ihre lebhafte, einfühlsame und wertschätzende Resonanz ermutigten, mich meiner Freude an der eigenen Poesie zu bedienen.

Peter Mittmann danke ich für die Liebenswürdigkeit, mir das Coverfoto zu überlassen.

ÜBER DEN AUTOR

Dr. med. Peter Heinl MRCPsych
Arzt für Psychiatrie, Psychotherapie und Familientherapeut

Medizinstudium an den Universitäten Heidelberg, Montpellier (als Stipendiat der Universität Heidelberg), Bochum, Hamburg und Freiburg

Wissenschaftliche Arbeit bei Prof. Dr. Dr. J. C. Rüegg und dem Nobelpreisträger Sir Andrew Huxley OM PRS

Magna cum laude Promotion

DAAD Forschungsstipendiat

Postgraduate Training in Psychiatrie und Psychotherapie am Maudsley Postgraduate Teaching Hospital sowie Sheldon Fellow des Advanced Family Therapy Course an der Tavistock Clinic in London

Klinische und Seminar-, Ausbildungs- und Lehrtätigkeit

Mitglied des Royal College of Psychiatrists, London

International Fellow der American Psychiatric Association

Mitglied des Deutschen Kollegiums für Psychosomatische Medizin

Mitglied des Wissenschaftlichen Beirats Holocaust Center Austria

Patron des Children-in-War Memorial Day Project, London

Mitglied weiterer Fachgesellschaften und wissenschaftlicher Beiräte

Verfasser zahlreicher Publikationen in den Gebieten Muskelphysiologie, Psychiatrie, Psycho- und Familientherapie, Psychosomatik und Psychotraumatologie

Autor der Bücher

„MAIKÄFER FLIEG, DEIN VATER IST IM KRIEG ..."
Seelische Wunden aus der Kriegskindheit

SPLINTERED INNOCENCE
An Intuitive Approach to Treating War Trauma

SCHLAFLOSER MOND
Im Labyrinth des Chronischen Erschöpfungssyndroms

LICHT IN DEN OZEAN DES UNBEWUSSTEN
*Vom intuitiven Denken zur Intuitiven Diagnostik.
Ein Leitfaden in den Denkraum*

LAVATANZ
Worte im schwebenden Raum

ESTHER K.
genannt Emma. Eine Märchenfantasie

LICHTSCHNEE
Im Wortraum

DIE TAGE AM WORTSEE
Roman

VERSECIRCUS

Koautor, mit Dr. Hildegund Heinl, des Buches

KÖRPERSCHMERZ – SEELENSCHMERZ
Die Psychosomatik des Bewegungssystems. Ein Leitfaden

BÜCHER VON HILDEGUND HEINL UND PETER HEINL

IM THINKAEON VERLAG

Neu erschienen als Buch und als EBook

**UND WIEDER
BLÜHEN DIE ROSEN**
Mein Leben nach dem Schlaganfall

Erstmals erschienen bei Kösel, München, 2001

Heinl, H.: Thinkaeon, London, 2015 (Neuauflage)

Erhältlich über www.Amazon.de

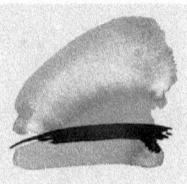

**„MAIKÄFER FLIEG,
DEIN VATER IST IM KRIEG ..."**
Seelische Wunden aus der Kriegskindheit
Heinl, P.: Kösel, München, 1994, (8. Auflage)

Neu erschienen als Buch und als EBook

**„MAIKÄFER FLIEG, DEIN VATER
IST IM KRIEG ..."**
Seelische Wunden aus der Kriegskindheit
Erstmals erschienen bei Kösel, München, 1994
Heinl, P.: Thinkaeon, London, 2015
Erhältlich über www.Amazon.de

KÖRPERSCHMERZ-SEELENSCHMERZ

Die Psychosomatik des Bewegungssystems
Ein Leitfaden

Heinl, H. und Heinl. P.: Kösel, München 2004
(6. Auflage)

Neu erschienen als Buch und als EBook

KÖRPERSCHMERZ-SEELENSCHMERZ

Die Psychosomatik des Bewegungssystems
Ein Leitfaden

Erstmals erschienen bei Kösel, München, 2004

Heinl, H. und Heinl. P.: Thinkaeon, London, 2015
(Neuauflage)

Erhältlich über www.Amazon.de

Neu erschienen als Buch und als EBook

LICHT IN DEN OZEAN DES UNBEWUSSTEN

Vom intuitiven Denken zur Intuitiven Diagnostik
Ein Leitfaden in den Denkraum

Heinl, P.: Thinkaeon, London, 2014

Erhältlich über www.Amazon.de

Soon available

LIGHT INTO THE OCEAN OF THE UNCONSCIOUS

From Intuitive Thinking to Intuitive Diagnostics
A Path into the Realm of Thinking

Heinl, P.: Thinkaeon, London, 2017

Soon available via Amazon

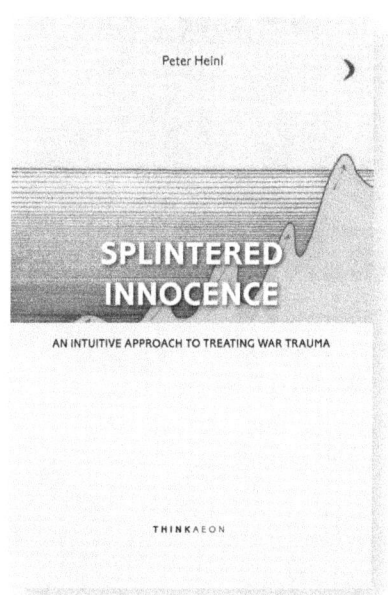

Neu erschienen als Buch und als EBook

SPLINTERED INNOCENCE

An Intuitive Approach to Treating War Trauma

Erstmals erschienen bei Routledge, London-New York, 2001

Heinl, P.: Thinkaeon, London, 2015

Erhältlich über www.Amazon.de

Neu erschienen als Buch und als EBook

SCHLAFLOSER MOND

Im Labyrinth des Chronischen Erschöpfungssyndroms

Heinl, P.: Thinkaeon, London, 2016

Erhältlich über www.Amazon.de

Neu erschienen als Buch und als EBook
LAVATANZ
Worte im schwebenden Raum
Heinl, P.: Thinkaeon, London, 2016
Erhältlich über www.Amazon.de

Neu erschienen als Buch und als EBook
**ESTHER K.
GENANNT EMMA**
Eine Märchenfantasie
Heinl, P.: Thinkaeon, London, 2016
Erhältlich über www.Amazon.de

Neu erschienen als Buch und als EBook

LICHTSCHNEE

im Wortraum

Heinl, P.: Thinkaeon, London, 2016

Erhältlich über www.Amazon.de

Neu erschienen als Buch und als EBook

DIE TAGE AM WORTSEE

Roman

Heinl, P.: Thinkaeon, London, 2016

Erhältlich über www.Amazon.de

Neu erschienen als Buch und als EBook

VERSECIRCUS

Heinl, P.: Thinkaeon, London, 2016

Erhältlich über www.Amazon.de

www.ingramcontent.com/pod-product-compliance
Lightning Source LLC
Chambersburg PA
CBHW071003160426
43193CB00012B/1892